RÉPUBLIQUE FRANÇAISE

Liberté

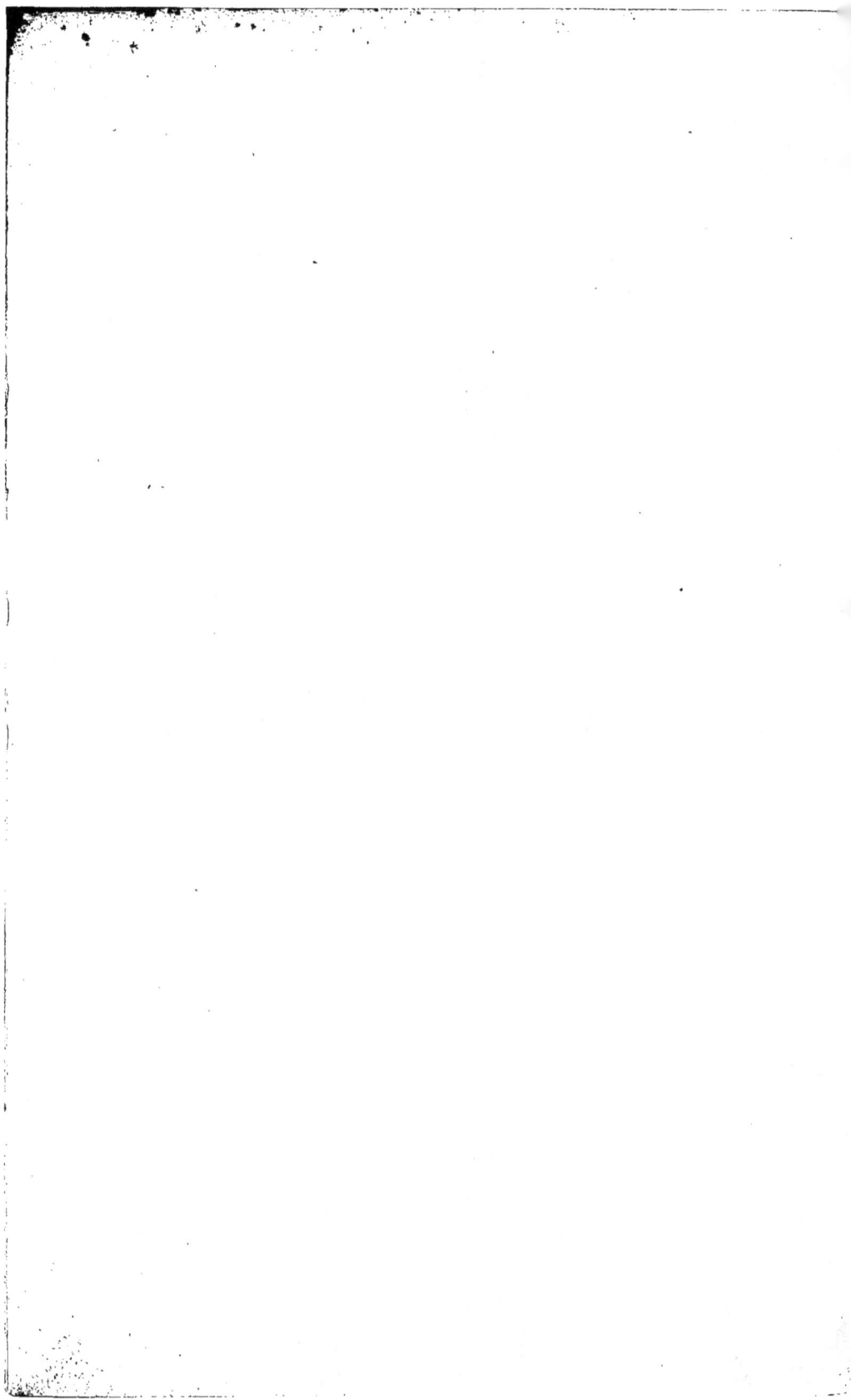

République Française.

LIBERTÉ, ÉGALITÉ, FRATERNITÉ.

———

DÉPARTEMENT DU PAS-DE-CALAIS.

———

VILLE D'ARRAS.

———

EXTRAIT du Registre aux Arrêtés du Maire de la ville d'Arras.

———

Nous, Maire de la ville d'Arras,

Vu l'arrêté de M. le Préfet, en date du 11 Avril 1849, relatif aux Saillies sur la voie publique, quant aux routes nationales dans la traverse de cette ville;

Vu notre arrêté en date du 31 Décembre 1848, portant réglement permanent en ce qui concerne les Saillies des constructions riveraines de la voie publique,

Vu le décret du 27 Octobre 1808;

Vu la délibération en date du 5 Mai 1849, par

1849

laquelle le Conseil municipal de cette ville a statué sur les droits à percevoir concernant les autorisations en matière de voirie urbaine ;

Vu le décret du Président de la République, en date du 4 Octobre 1849, qui autorise la perception de ces droits ;

ARRÊTONS :

Article 1er.

A compter du 10 novembre prochain, les droits dûs pour les délivrances d'alignements, permissions de construire ou réparer, ou autres permis de toute espèce, qui se requièrent en grande ou en petite voirie, seront perçus conformément au tarif ci-après :

TARIF DES DROITS DE VOIRIE
à percevoir par la ville d'Arras,

Basé sur celui perçu à Paris, d'après le décret du 27 octobre 1808 et réduit des 4/5e.

PREMIÈRE PARTIE. — ALIGNEMENTS.

	DROITS.
	fr. c.
ALIGNEMENT pour chaque mètre de longueur de face de bâtiment dans une rue de 3 à 5 mètres de largeur,	1 »
IDEM dans une rue de 5 à 7 mètres,	1 20

IDEM	dans une rue de 7 à 10 mètres,	1	40
IDEM	de mur de clôture sans distinction de largeur,	»	25
IDEM	de clôture provisoire en planches, sans distinction de largeur,	»	10

Nota. — Les droits ci-dessus s'appliquent également : 1.º A toute reconstruction de mur de face ou de clôture déjà à l'alignement ; 2.º à tout adossement de bâtiment neuf à un mur de clôture déjà existant ; 3.º à toute réparation partielle d'un mur de face, d'après le produit des mètres linéaires de la largeur des parties réparées.

Le métrage linéaire pour alignement comprend les fractions métriques jusqu'aux décimètres seulement.

BAIES pour magasin excédant 3 mètres.	10	»
IDEM pour porte-cochère ou charretière.	8	»
IDEM pour porte dite bâtarde ayant moins de 2 mèt.,	5	»
IDEM pour porte ordinaire n'excédant pas 1 m. 20 c.,	1	50
IDEM pour porte de cave n'excédant pas 1 m. 20 c.,	1	»
IDEM pour soupirail ayant au plus 80 centimètres,	»	50
BARRIÈRE au-devant des fouilles et des constructions neuves, en réparations ou démolitions, dans les rues de 1 à 5 mètres ; le mètre linéaire,	»	25
BARRIÈRES dans les rues de 5 à 10 m. et au-dessus,	»	40
BATIMENTS neufs ou en réparations (*voyez alignement*),		
CHAPERONS DE MUR de clôture refaits, par mètre linéaire,	»	25
CHEVALEMENT pour reprise de mur de face, ou tout autre pour réparations ou changements ; chaque mètre linéaire,	»	50
COLONNES en fonte ou en fer simples, ou accouplées pour support de mur de face ; chaque colonne,	2	»
CONVERSION d'un étage, dit en mansarde, en étage carré ou d'attique ; chaque mètre linéaire,	1	»
CONTREFICHES, étais ou étrésillons, pour construction neuve ou réparations ; droit fixe,	1	»
ENTABLEMENT refait en partie sur moins de 2 mètres de longueur,	1	50
EXHAUSSEMENT d'un bâtiment aligné ; par mètre linéaire,	2	»

IDEM	d'un bâtiment non aligné; le mètre linéaire,	5	»
IDEM	d'une maison en retraite sur l'alignement; le mètre linéaire,	2	»
JAMBE ÉTRIÈRE reconstruite en face d'une maison alignée; droit fixe,		2	»
IDEM	à reconstruire suivant l'alignement,	1	50
LINTÉAU à remplacer au-dessus d'une porte ordinaire ou croisée; droit fixe,		1	»
MUR DE CLOTURE refait entièrement; chaque mètre de longueur,		1	»
PIÉDROITS à reconstruire dans la face d'une maison alignée; droit fixe,		2	»
IDEM	à reconstruire suivant l'alignement; droit fixe,	1	»
POITRAIL pour porte-charretière ou façade de magasin; droit fixe,		5	»
PEINTURE, BADIGEONNAGE OU BLANCHISSAGE d'un mur de face; droit fixe,		»	50
POTEAUX ou jambages de portes ou croisées; droit fixe,		1	50
RAVALEMENT entier avec échafaudage pour mur de face de 3 mètres et au-dessous; droit fixe,		2	»
IDEM	de 3 à 5 mètres; droit fixe,	5	»
IDEM	de 5 à 10 mètres; droit fixe,	8	».
Pour chaque mètre en sus de 10 mètres.		»	50
IDEM	partiel pour raccordement de corniche; le mètre linéaire,	»	25
REMPLACEMENT de corniche dans certaines parties, n'excédant pas un mètre; droit fixe,		1	»
IDEM	de corniche sur plus d'un mètre de longueur; le mètre linéaire.	1	50
RECONSTRUCTION d'entablement sur plus de 2 mètres de longueur avec échafaudage; le mètre linéaire,		2	»
RÉPARATION partielle d'un mur de face; droit fixe,		1	»
REPRISE en sous-œuvre, chaque mètre linéaire,		1	»
REJOINTOYEMENT ou ravalement en entier d'un mur de clôture; chaque mètre de longueur,		»	50
SOUBASSEMENT ou revêtement de retraites en dalles de 5 centimètres; le mètre linéaire,		1	25
TOUR CREUSE ou renfoncement pour portes charretières,		6	»

TRUMEAU à reconstruire à la face d'une maison ali-
gnée ; droit fixe pour chaque trumeau, | 1 »

DEUXIÈME PARTIE. — SAILLIES.

Objets de la demande en autorisation de saillies.	MAXIMUM de la SAILLIE.	DROITS perçus.
Saillies fixes.		
	m	fr
AVANT-CORPS,	0 18	2 00
AUVENT élevé à 3 m 50 par rapport au niveau du pavé,	0 40	2 00
AUVENT au-dessus de 3 mètres,	0 30	0 50
APPUIS de toute espèce au rez-de-chaussée, le *mètre linéaire*,	0 13	1 00
BALCONS grands et petits à plus de 4 m 00 de hauteur *le mètre linéaire*,	0 90	1 00
BANCS fixes,	0 35	4 00
BARRES de support au-devant des devantures de boutiques, *le mètre linéaire*,	0 11	1 00
BORNES appuyées contre le mur des pans coupés *chaque*,	0 30	1 00
BORNES isolées ou chasse roues *pour chaque*,	0 45	1 25
COLONNES ou pilastres, *pour chaque*,	0 14	1 00
CONDUITES d'eau ou tuyaux de descente pour les eaux ménagères,	0 14	1 00
CONTREVENTS de boutiques,	0 18	1 00
CONTREVENTS de croisées, *chaque*	0 11	0 30
CORNICHES en pierres ou en bois élevées à 3 m 50 au moins au-dessus du pavé de la rue, *Le mètre linéaire*,	0 25	1 00

CORNICHES de couronnement d'entablement pour mur de face à plus de 5 mètres, *Le mètre linéaire*,	1 00	2 00
CORNICHES en pierres ou bois élevées à 3 mètres au moins au – dessus du pavé de la rue, *Le mètre linéaire*,	0 30	1 25
CUVETTES extérieures pour les eaux ménagères à plus de 3 mètres,	0 16	1 00
CHASSIS à verre sédentaires ou mobiles placés à l'extérieur. *Le mètre linéaire*,	0 08	1 00
DAUPHINS des tuyaux de conduite, *chaque*,	0 18	0 50
DEVANTURES de boutique, toute espèce d'ornement compris. *Le mètre linéaire*,	0 13	1 00
DÉCROTTOIRS, *chaque*.	0 18	1 00
ENSEIGNES, tableaux, reliefs, etc., à plus de 3 mètres, *chaque*,	0 21	1 00
EVIERS ou gargouilles, *chaque*,	0 13	0 50
FERMETURES mobiles de boutique. *Le mètre linéaire*,	0 12	1 00
GALERIES ou barres métalliques en avant des boutiques, *le mètre*,	0 14	2 00
GRILLES, pour boutiques ou croisées. *Le mètre linéaire*,	0 14	1 00
GOUTTIÈRES pour les eaux pluviales, à 4 mètres au moins au – dessus du pavé de la rue. *Le mètre linéaire*,	0 14	1 00
JALOUSIES, stores, persiennes, ou contrevens, *chaque*,	0 09	1 00
LANTERNES avec potences pleines à 4 ^{m} 00 au moins au-dessus du pavé, *chaque*	0 80	1 00
LANTERNES placées à 3 mètres au moins au-dessus du pavé,	0 60	1 50
MARCHES, *chaque*,	0 90	2 00
MONTRES d'étalage mobile. *Le mètre linéaire*,	0 18	2 00
PAREMENT de décoration en menuiserie au-dessus du rez-de-chaussée. *Le mètre linéaire*,	0 18	1 00
PORTES de cave verticales, *chaque*,	0 12	3 00
POULIES saillantes à 7 ^{m} au moins au-dessus du pavé de la rue, *chaque*,	1 00	1 00
SOCLES, soubassements, seuils, etc., *chaque*,	0 18	0 25
TROTTOIRS ou banquettes dites marches courantes selon la largeur des bas côtés de la rue		

et sous réserves des règlements de grande voirie, *le mètre linéaire*,	1 60	1 00
TUYAUX de poêles élevés à 3 ᵐ 50,	0 28	1 00

Saillies Mobiles.

BANNES (Tentes), où il n'y a pas de trottoir, *le mètre linéaire*,	3 00	0 50
BALDAQUINS ou marquises à 3 ᵐ 00, là où il y a trottoir, *chaque*,	1 00	10 00
BALDAQUINS ou marquises à 2 ᵐ 50, au moins au dessus du pavé, *le mètre linéaire*,	0 70	8 00
BANCS mobiles, *chaque*,	0 35	2 00
LANTERNES ou transparents avec poteaux à 4ᵐ 00 au moins,	0 90	1 50
LANTERNES ou transparents en forme d'applique, montres, *chaque*,	0 28	1 00
PERCHES pour suspendre des étoffes à 5 ᵐ 00 au dessus du niveau de la rue, *chaque*,	0 90	1 00
TABLEAUX, écussons, enseignes, étalages; attributs y compris les supports, bordures, crochets et points d'appuis à 3 ᵐ au moins, *chaque*,	0 30	1 00
VOLETS servant d'enseigne,	0 08	0 50

Article 2.

La perception de ces droits sera faite par le Receveur municipal au moment de la délivrance des expéditions de permis accordés. — A cet effet, un arrêté comprenant le montant des droits à percevoir lui sera transmis pour servir de titre de recette.

Article 3.

Il sera tenu un registre où seront inscrites, sous

une seule série de numéros pour le même exercice, les autorisations avec indication des droits à percevoir.

Article 4.

Le receveur de la ville poursuivra le recouvrement des droits non acquittés dans les formes usitées en matière de contributions directes.

Arras, le 29 Octobre 1849.

Signé : H. PLICHON.

Pour extrait conforme :

Le Maire de la ville d'Arras,

H. PLICHON.

1.º Arrêté municipal du 31 décembre 1848, portant réglement permanent en ce qui concerne les saillies des constructions riveraines de la voie publique.

Nous, Maire de la ville d'Arras,

Vu la loi du 16-24 août 1790, qui dispose, titre 2, art. 3, « Les
» objets de police confiés à la vigilance et l'autorité des corps munici-
» paux, sont: 1° Tout ce qui intéresse la sûreté et la commodité du
» passage dans les rues, quais, places et voies publiques; »

Vu la loi du 19 juillet 1791, art. 46, qui donne au corps municipal
le droit de faire des arrêtés, sur les objets confiés à sa vigilance et à
son autorité par la loi du 24 août 1790 ;

Vu les anciens réglemens sur la police de la voie publique, et no-
tamment l'arrêté du bureau des finances en date du 3 août 1775 ;

Considérant que des plaintes trop fondées se sont élevées contre l'in-
suffisance ou l'inobservation des anciens réglemens ayant pour objet
la police de la voie publique ;

Considérant qu'il importe de réunir dans un même acte les dispositions éparses dans divers réglemens, afin de prévenir les contraventions
auxquelles peut donner lieu l'oubli de ces dispositions, qui n'ont pas
été reproduites depuis long-temps ;

Considérant que la réunion de toutes ces dispositions réglementaires
et l'adoption de nouvelles mesures propres à procurer le parcours sûr
et facile de la voie publique, sont devenues un devoir impérieux pour
l'administration municipale ;

Considérant que tout ce qui excède la ligne verticale d'un bâtiment au
delà de l'alignement, à partir du sol jusqu'au comble, forme saillie sur
la propriété commune, et pourrait dans la rigueur du droit être entière-
ment interdit ; mais que cette prohibition absolue serait nuisible aux
particuliers sans offrir d'utilité pour le public ; qu'il convient par con-

séquent de réduire les prohibitions à ce qu'exigent la sûreté et la facilité des communications, et les règles de l'art et du goût ;

Sur le rapport de M. l'architecte-voyer de la ville ;

Arrêtons :

Art. 1er. Il ne pourra à l'avenir être établi sur les murs de face des maisons de la ville aucune saillie autres que celles déterminées par le présent arrêté.

Art. 2. L'établissement de toute saillie, bien que conforme aux dispositions du présent arrêté, donnera lieu à un procès-verbal si cet établissement n'a pas été autorisé préalablement par l'administration municipale.

Art. 3. Toute saillie sera comptée à partir du nu du mur de face.

Art. 4. Aucune saillié ne pourra excéder les dimensions indiquées au tableau ci-après.

SAVOIR :

OUVRAGES en SAILLIE.	Dans les rues ayant une largeur de								Sur les places publiques et dans les rues ayant 14 mèt. et au-dessus.
	6 à 7 mètres	7 à 8 mètres	8 à 9 mètres	9 à 10 mètres	10 à 11 mètres	11 à 12 mètres	12 à 13 mètres	13 à 14 mètres	
Saillies fixes. Avant-Corps,	0 04	0 05	0 06	0 08	0 10	0 12	0 14	0 16	0 18
Auvents au-dessus de 3 mètres,	0 14	0 16	0 18	0 20	0 22	0 24	0 26	0 28	0 30
Auvent élevé à 3 mètres 50 par rapport au niveau du pavé,	0 16	0 19	0 22	0 25	0 28	0 31	0 34	0 37	0 40
Appuis de toute es-									

pèce au rez-de-chaussée,	0 05	0 06	0 07	0 08	0 09	0 10	0 11	0 12	0 13
Balcons grands et petits à plus de 4 mètres de hauteur	0 50	0 55	0 60	0 65	0 70	0 75	0 80	0 85	0 90
Bancs fixes,	»	»	»	»	0 30	0 31	0 32	0 33	0 35
Barres de support au devant des devantures de boutiques,	»	0 03	0 05	0 07	0 09	0 11	0 11	0 11	0 11
Bornes appuyées contre le mur des pans coupés,	0 22	0 24	0 26	0 28	0 30	0 30	0 30	0 30	0 30
Bornes isolées ou chasse-roues,	0 25	0 30	0 35	0 40	0 45	0 45	0 45	0 45	0 45
Colonnes ou pilastres,	»	0 07	0 08	0 09	0 10	0 11	0 12	0 13	0 14
Conduites d'eau ou tuyaux de descente pour les eaux ménagères,	0 08	0 08	0 08	0 09	0 10	0 11	0 12	0 13	0 14
Contrevents de boutiques,	0 07	0 07	0 08	0 09	0 10	0 12	0 14	0 16	0 18
Contrevens de croisées,	0 06	0 07	0 08	0 09	0 10	0 11	0 11	0 11	0 11
Corniches en pierre ou en bois élevées à 3 mètres 50 au moins au dessus du pavé de la rue,	0 15	0 17	0 19	0 21	0 23	0 25	0 25	0 25	0 25
Corniches de couronnement d'entablement pour mur de face à plus de 5 mètres,	0 20	0 30	0 40	0 50	0 60	0 70	0 80	0 90	1ᵐ »
Corniches en pierre ou bois élevées à 3 mètres au moins au-dessus du pavé de la rue,	0 14	0 16	0 18	0 20	0 22	0 24	0 26	0 28	0 30
Cuvettes extérieures pour les eaux									

12

ménagères à plus de 3 mètres,	0 08	0 10	0 12	0 14	0 16	0 16	0 16	0 16	0 16
Chassis à verre sédentaire ou mobile placé à l'extérieur,	0 04	0 05	0 06	0 07	0 08	0 08	0 08	0 08	0 08
Dauphins des tuyaux de conduite,	0 10	0 10	0 10	0 10	0 10	0 12	0 14	0 16	0 18
Devanture de boutique, toute espèce d'ornements compris,	0 05	0 06	0 07	0 08	0 09	0 10	0 11	0 12	0 13
Décrottoirs,	0 10	0 10	0 10	0 10	0 10	0 12	0 14	0 16	0 18
Enseignes, tableaux reliefs etc., à plus de 3 mètres,	0 05	0 07	0 09	0 12	0 13	0 15	0 17	0 19	0 21
Éviers ou Gargouilles,	0 05	0 06	0 07	0 08	0 09	0 10	0 11	0 12	0 13
Fermetures mobiles de boutiques,	0 07	0 07	0 08	0 09	0 10	0 11	0 12	0 12	0 12
Galeries en barres métalliques en avant des boutiques	»	0 05	0 07	0 09	0 10	0 11	0 12	0 13	0 14
Grilles pour boutiques ou croisées,	»	0 05	0 07	0 09	0 10	0 11	0 12	0 13	0 14
Gouttières pour les eaux pluviales à 4 mètres au moins au dessus du pavé de la rue,	0 08	0 09	0 10	0 11	0 12	0 13	0 14	0 14	0 14
Jalousies, Stores, Persiennes ou contrevents,	0 05	0 06	0 07	0 08	0 09	0 09	0 09	0 09	0 09
Lanternes avec potences pleines à 4 mètres au moins au-dessus du pavé,	0 50	0 55	0 30	0 65	0 70	0 75	0 80	0 80	0 80
Lanternes placées à 3 mètres au moins au-dessus du pavé,	0 30	0 35	0 40	0 45	0 50	0 55	0 60	0 60	0 60
Marches,	»	»	»	»	0 30	0 45	0 60	0 75	0 90
Montres d'étalages mobiles,	0 10	0 10	0 10	0 10	0 10	0 12	0 14	0 16	0 18

13

Parement de décoration en même série au-dessus du rez-de-chaussée,	0 06	0 07	0 08	0 09	0 10	0 12	0 14	0 16	0 18
Portes de caves verticales,	0 08	0 08	0 08	0 09	0 10	0 11	0 12	0 12	0 12
Poulies saillantes à 7 mètres au moins au-dessus du pavé de la rue,	0 60	0 60	0 60	0 60	0 60	0 70	0 80	0 90	1 »
Socles, soubassements, seuils, etc.	0 06	0 07	0 08	0 09	0 10	0 12	0 14	0 16	0 18
Trottoirs ou banquettes dites marches courantes selon la largeur des bas côtés de la rue et sous réserves des réglemens de grande voirie,	0 80	0 90	1 »	1 10	1 20	1 30	1 40	1 50	1 60
Tuyaux de poëles élevés à 3 mètres 50,	0 12	0 14	0 16	0 18	0 20	0 22	0 24	0 26	0 28

Saillies mobiles.

Bannes (tentes) où il n'y a pas de trottoirs,	» »	» »	2 »	2 50	3 »	3 »	3 »	3 »	3 »
Baldaquins ou marquises à 3 mètres là où il y a trottoir	» »	0 65	0 70	0 75	0 80	0 85	0 90	0 95	1 »
Baldaquins ou marquises élevés à 2 mètres 50 au moins au-dessus du pavé,	» »	0 35	0 40	0 45	0 50	0 55	0 60	0 65	0 70
Bancs mobiles,	» »	» »	0 25	0 30	0 35	0 35	0 35	0 35	0 35
Lanternes ou transparents avec poteaux à 4 mèt. au moins,	0 50	0 55	0 60	0 65	0 70	0 75	0 80	0 85	0 90
Lanternes ou trans-									

parents en forme d'appliques, montres,	0 20	0 21	0 22	0 23	0 24	0 25	0 26	0 27	0 23
Perches pour suspendre des étoffes à 5 mètres au-dessus du niveau de la rue,	0 50	0 55	0 60	0 65	0 70	0 75	0 80	0 85	0 90
Tableaux, écussons enseignes, étalages, attributs y compris les supports, bordures, crochets et points d'appuis à 3 mètres au moins,	0 14	0 16	0 18	0 20	0 22	0 24	0 26	0 28	0 30
Volets servant d'enseigne.	0 05	0 06	0 07	0 08	0 08	0 08	0 08	0 08	0 08

APPLICATION DU RÉGLEMENT.

SAILLIES FIXES.

Les saillies déterminées en l'état ci-dessus pourront, dans certains cas, être plus considérables ou restreintes suivant les localités, elles seront d'ailleurs toujours disposées de manière à ne point gêner la circulation des piétons.

Toute saillie sera comptée à partir du nu du mur au dessus de la retraite du soubassement vulgairement nommée gresserie.

Si l'axe de la chaussée n'est pas au milieu de la rue, on appliquera aux saillies les dimensions limites fixées pour une rue d'une largeur double de la distance entre l'axe de la chaussée et le mur de face contre lequel les saillies doivent être appliquées.

Aucune saillie, actuellement existante, ne pourra être accrue en raison de l'application du présent réglement.

SAILLIES MOBILES.

Les saillies mobiles ou temporaires ne pourront, en aucun cas, obstruer la circulation sur les trottoirs. En conséquence, il devra toujours rester entre l'arête de la bordure desdits trottoirs et les saillies mobiles une largeur d'au moins quatre-vingts centimètres.

AUVENS.

Il est défendu de construire des auvens, corniches et entablemens en plâtre au dessus des boutiques. Il ne pourra en être établi qu'en bois ou en pierre de taille.

Les auvens, corniches et entablemens en plâtre, actuellement établis, ne pourront être réparés; ils seront démolis lorsqu'ils auront besoin de réparations, ils ne seront rétablis qu'en bois ou en pierre de taille.

BANNES.

La permission d'établir des bannes (tentes) ne sera donnée que pour les rues ayant *six mètres* et plus de largeur, et sous la condition de les placer à trois mètres au-dessus du sol dans la partie la plus basse. Leurs supports seront horizontaux. Elles n'auront de jours qu'autant que les localités le permettront, et les dimensions en seront déterminées par l'administration municipale.

Les bannes devront être en toile ou en coutil, et ne pourront, dans aucun cas, être établies sur chassis.

Dans les deux années de la publication du présent arrêté, toutes les bannes qui ne seront pas conformes aux conditions exigées plus haut, seront changées, réduites ou supprimées.

BORNES.

Il ne sera permis d'établir des bornes qu'aux angles saillants des maisons formant l'encoignure des rues; mais lorsque ces encoignures seront disposées en pan coupé de 0^m 60 au moins et de un mètre au plus de largeur, une seule borne sera placée au milieu du pan coupé.

Il ne pourra jamais être placé de bornes ou chasse-roues lorsqu'il y aura un trottoir en avant de la façade et en saillie sur le pavé.

BALCONS (GRANDS ET PETITS).

La permission d'établir des grands balcons ne sera jamais accordée que dans les rues de sept à dix mètres et au-dessus, et sous la réserve de tous les droits des tiers.

Dans tous les cas, les grands ou petits balcons ne pourront être établis à moins de quatre mètres cinquante centimètres, au-dessus du sol de la voie publique.

CORNICHES OU ENTABLEMENTS.

Les corniches en plâtre de plus de seize centimètres de saillie sont prohibées.

Les corniches ou entablements ayant plus de seize centimètres de saillie devront être en pierre de taille ou en bois et dans aucun cas la saillie ne devra excéder l'épaisseur du mur au sommet.

CUVETTES.

A l'avenir, il ne pourra être établi en saillie sur la voie publique aucune espèce de cuvette pour l'écoulement des eaux ménagères des étages supérieurs, que selon les dimensions du tableau ci-contre.

Dans les maisons actuellement existantes, les cuvettes placées en saillie seront supprimées lorsqu'elles auront besoin de réparations, s'il est reconnu qu'elles peuvent être rétablies à l'intérieur. Dans le cas contraire, elles seront disposées autant que faire se pourra, de manière à recevoir les eaux intérieurement, elles seront garnies de hausses pour prévenir le déversement des eaux et toute éclaboussure au dehors.

ECHOPPES ou CONSTRUCTIONS PROVISOIRES.

Il pourra être permis de masquer, par des constructions provisoires ou Echoppes, appentis, tout renfoncement entre deux maisons, pourvu qu'il n'ait pas au-delà de huit mètres de longueur et que sa profondeur soit au moins d'un mètre. Ces constructions, dans aucun cas, ne devront excéder la hauteur du rez-de-chaussée et elles seront supprimées dès qu'une des maisons attenantes subira un retranchement.

DEVANTURES DE BOUTIQUES.

Les devantures de boutiques, montres, tableaux, reliefs, enseignes et attributs dont la saillie excède celle permise par l'art. 4 du présent arrêté, seront réduits à cette saillie lorsqu'il y sera fait quelques réparations.

ENSEIGNES.

Aucuns tableaux, enseignes, écussons, montres, étalages et attributs quelconques ne seront suspendus, attachés ni appliqués soit aux balcons, soit aux auvens.

ÉVIERS.

Les tuyaux des éviers, pour l'écoulement des eaux ménagères, seront permis, sous la condition expresse que leur orifice extérieur ne s'élèvera pas à plus d'un décimètre au dessus du pavé de la rue.

GOUTTIÈRES.

Il sera établi sous les combles de chaque maison, des gouttières horizontales sur toute la longueur du mur de face pour en recevoir les eaux pluviales et les conduire sur le sol au moyen d'un tuyau vertical dont l'orifice ou dauphin ne s'élevera pas à plus d'un décimètre au-dessus du pavé de la rue.

MARCHES.

Une seule marche ou seuil en saillie du mur pourra être accordée dans certaines rues, dans le but de servir de gare aux piétons, mais dans aucun cas la saillie ne pourra excéder celle fixée par le présent réglement.

PORTES ET DESCENTES DE CAVE.

Aucune porte et descente de cave ne pourra être établie en saillie, en avant des murs de face, celles qui existent déjà ne seront tolérées que jusqu'à l'époque de la reconstruction des maisons à la charge par

les propriétaires de construire immédiatement et à leurs frais des trottoirs, suivant les conditions de pente et d'alignement qui leur seront
fixées.

Les descentes de cave formant saillie seront recouvertes par des
portes métalliques pleines, d'un seul morceau, placées horizontalement
au niveau des trottoirs.

Ces portes ne seront jamais ouvertes d'une manière permanente,
mais seulement le temps strictement nécessaire pour entrer ou sortir
des caves les objets qui sont ou qui doivent y être renfermés.

Elles seront solidement construites et constamment entretenues en
bon état.

PERRONS.

Il est défendu de construire des perrons sur la voie publique en saillie sur les murs de face.

Les perrons existants sur la voie publique pour accéder aux habita-
tions, ayant été établis en contravention aux dispositions des lois et réglemens ci-dessus visés, seront ou supprimés totalement ou réduits de
saillie, autant que faire se pourra toutes les fois qu'ils auront besoin
de réparations.

Il ne sera accordé de permission de les réparer que dans le cas où il
serait reconnu que les localités ne permettent pas aux propriétaires de
se retirer sur eux-mêmes. Ces perrons, quelle qu'en soit la forme, ne
pourront sous aucun prétexte excéder *quatre-vingt-dix* centimètres de
saillie tout compris, et devront laisser entre leur extrémité et l'arête du
trottoir, une largeur d'au moins soixante centimètres.

PERCHES.

Les perches ou étendoirs des blanchisseurs, teinturiers, dégraisseurs,
couverturiers, etc., ne pourront être établis que dans les rues écartées
et peu fréquentées et après une enquête de commodo et incommodo,
sur laquelle il sera statué comme de droit.

SEUILS, SOCLES ET SOUBASSEMENTS.

Dans les rues qui seront ouvertes ou établies à l'avenir, il ne pourra non plus que dans les rues anciennes, être posé aucun seuil de porte que préalablement l'administration n'ait marqué le niveau de pente qui doit être observé.

Les seuils qni seraient posés plus haut ou plus bas que le niveau de pente du pavé des rues, devront être rétablis suivant ce niveau, s'ils font saillie sur la voie publique.

TROTTOIRS OU BANQUETTES.

La saillie des trottoirs ou banquettes sera déterminée suivant les localités ; dans tous les cas ils comprendront toute l'étendue du mur de face et l'espace entier du trottoir devra être libre de tout dépôt de marchandises ou autres objets, afin que le public puisse y circuler librement comme sur le reste de la voie publique.

Les parties des trottoirs recreusées pour l'écoulement des eaux, seront recouvertes avec une plaque en fonte ou en forte tôle.

Les trottoirs ou banquettes actuellement établis qui n'ont point les formes, dimensions et conditions fixées par le présent arrêté, y seront ramenés lors de la réparation du pavé des rues et places.

TUYAUX DE POÊLES.

Aucun tuyau de poêle ne pourra déboucher sur la voie publique.

Dans l'année de la publication du présent arrêté, les tuyaux de poêle et autres qui débouchent actuellement sur la voie publique, seront supprimés, s'il est reconnu qu'ils peuvent avoir une issue intérieure. Dans le cas où ils ne pourraient avoir d'issue intérieure, ces mêmes tuyaux seraient élevés jusqu'à l'entablement avec les précautions nécessaires pour assurer leur solidité, pour prévenir tout danger d'incendie et pour empêcher l'eau rousse de tomber sur les passants.

Art. 5. Les contraventions au présent réglement seront portées devant les tribunaux compétents.

Arras, le 31 décembre 1848.

Signé : H. PLICHON.

Vu :

Arras, le 11 avril 1849.

Le Préfet,

Signé : FRESNEAU.

2° ARRÊTÉ de M. le Préfet du 11 avril 1849, réglant les dimensions des saillies qui pourront être autorisées le long des routes nationales dans la traverse de la ville d'Arras.

Nous, Préfet du Pas-de-Calais,

Vu la loi du 16-27 août 1790, art. 3 ;

Vu celle du 18 juillet 1837, sur l'administration municipale (article 31, n° 8) ;

Vu l'instruction du 2 avril 1841 sur la marche à suivre pour la formation des tarifs de droits de voirie à percevoir au profit des communes ;

Vu l'arrêté pris par M. le Maire d'Arras, le 31 décembre 1848 et visé par nous le 11 de ce mois, réglant les saillies qui pourront être autorisées sur la voie publique de cette ville dans la partie dépendant de la voirie urbaine afin d'arriver ultérieurement à l'établissement d'un tarif de droits de voirie pour chaque saillie ;

Vu le projet présenté par MM. les Ingénieurs pour régler également les saillies qui pourront être établies le long des routes nationales dans la traverse de la ville d'Arras ;

Vu l'avis favorable donné par le conseil municipal d'Arras dans les diverses délibérations prises au sujet de ces réglements ;

ARRÊTONS :

Art. 1er Il ne peut être établi sur les murs de face des maisons longeant les routes nationales dans la traverse de la ville d'Arras aucune saillie fixe ou mobile autre que celles désignées et autorisées par M. le Maire de cette ville.

Art. 2. Ces saillies seront conformes aux prescriptions du réglement municipal du 31 décembre 1848, ci-dessus visé et à celles qui interviendront sur la matière.

Art. 3. Les dimensions des saillies fixes qui seront autorisées par M. le Maire d'Arras pour les rues dépendant de la grande voirie, devront être renfermées dans les limites ci-après :

DISPOSITIONS DES SAILLIES.	DIMENSION MAXIMUM A AUTORISER POUR UNE RUE D'UNE LARGEUR DE	
	10 m. et au-dessous.	14 m. et au-dessus
Saillies à moins de 3ᵐ 00 au-dessus du sol.	0ᵐ 10	0ᵐ 20
Saillies de 3 m. à 3 m. 50.	0 20	0 35
Saillies de 3 m. 50 à 4 m. 00.	0 30	0 50
Saillies de 4 m. à 5 m. 00	0 50	0 80
Saillies à 5 m. et au-dessus.	0 70	1 10

Art. 4. Les saillies mobiles ou temporaires ne dépasseront en aucun cas les alignements qui seraient fixés pour les trottoirs.

Art. 5. Les marches et perrons saillants sont complètement interdits sur les parties de routes de moins de dix mètres de largeur.

Art. 6. Les descentes de cave saillantes recouvertes de portes inclinées ou horizontales sont complètement interdites sur les parties de route de moins de huit mètres de largeur.

Art. 7. Dans les parties de route plus larges, où les marches, perrons et descentes de cave seront tolérés, l'une des marches au moins sera placée dans l'épaisseur du mur de face et chacune de celles en saillie ne pourra avoir moins de vingt centimètres de hauteur ni plus de trente centimètres de largeur.

Art. 8. Quelle que soit la largeur des parties de route, les bordures des trottoirs formeront des lignes continues et régulières passant à trois mètres cinquante centimètres au moins en arrière de l'axe de la chaussée déterminé par les Ingénieurs des ponts-et-chaussées.

Art. 9. Pour l'application des réglements, la largeur des routes sera comptée comme égale au double de la distance comprise entre l'axe de la chaussée déterminé également par les ingénieurs et le mur de face contre lequel les saillies devront être appliquées.

Art. 10. Il sera dorénavant statué sur les demandes en autorisation des travaux adressées par les riverains des routes dans la traverse de la ville d'Arras, d'abord par le Préfet en ce qui concerne l'alignement du mur de face des bâtiments, et ensuite par le Maire en ce qui concerne les saillies fixes ou mobiles à établir sur les mêmes murs.

Fait à Arras, le 11 avril 1849.

Signé : FRESNEAU.

Pour expédition conforme adressée à M. le Maire d'Arras,

Le Conseiller de Préfecture Secrétaire-général,

Signé : LUEZ.

5° Décret du Président de la République en date du 4 octobre 1849 qui autorise la perception du droit de voirie dans la ville d'Arras, conformément au tarif inséré dans la délibération du Conseil municipal de cette ville, en date du 5 mai dernier.

Paris le 4 octobre 1849.

AU NOM DU PEUPLE FRANÇAIS,

Le Président de la République,

Sur le rapport du Ministre de l'intérieur ;

Le comité de l'intérieur du conseil d'Etat entendu :

Vu la délibération en date du 5 mai 1849, par laquelle le Conseil municipal d'Arras (Pas-de-Calais) sollicite l'approbation d'un projet de

tarif pour la perception de droits de voirie dans cette ville ;
L'avis du préfet en faveur de l'adoption de ce tarif;
Les articles 31 et 43 de la loi du 18 juillet 1847 ;

DÉCRÈTE:

Article 1er. — Est autorisée la perception des droits de voirie dans la ville d'Arras *(Pas-de-Calais)* conformément au tarif inséré dans la délibération du conseil municipal en date du 5 mai 1849, annexé au présent décret.

Art. 2. — La perception des droits en ce qui concerne les délivrances d'alignement, n'aura lieu qu'après que ces alignements auront été obtenus dans les formes déterminées par les lois et les réglements sur la voirie.

Art. 3. — Le ministre de l'intérieur est chargé de l'exécution du du présent décret.

Fait à Paris, à l'Elysée national le 4 octobre 1849.

Signé : L.-N. BONAPARTE.

Le ministre de l'intérieur.

Signé : J. DUFAURE.

Pour ampliation conforme :
Le secrétaire général du ministère de l'intérieur :

Signé : J. DESMAZURES.

Pour expédition conforme :
Le Conseiller de préfecture, secrétaire général.

Signé : LUEZ.

Pour copies conformes :

Le Maire de la ville d'Arras,

H. PLICHON.

Arras, typ. de veuve Degeorge.

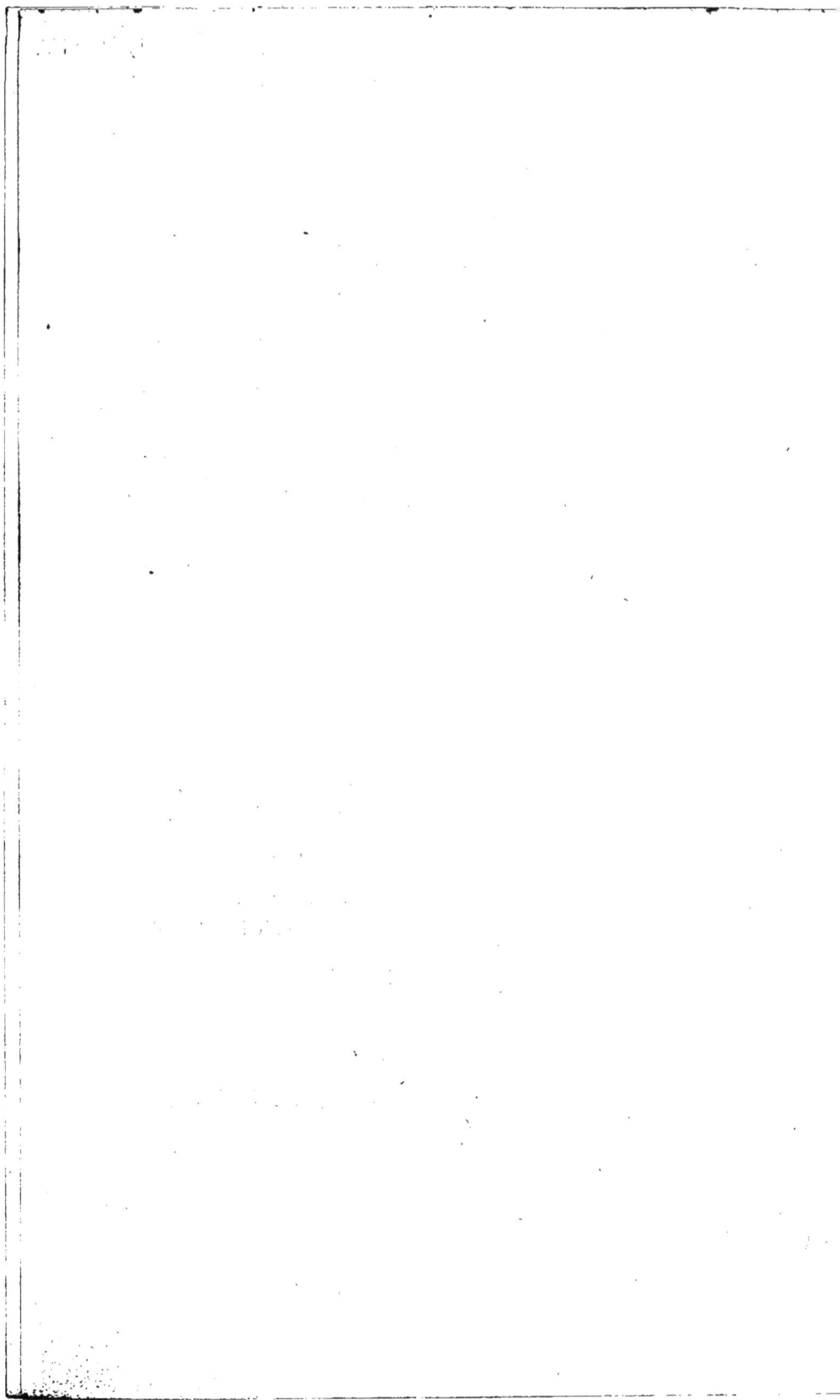

Imprimerie de Mme Ve JEAN DEGEORGE,

RUE DU 29 JUILLET, A ARRAS.

N° 193
DU REGISTRE
d'inscription.

Je soussigné déclare avoir l'intention d'imprimer un Ouvrage intitulé : *Tarif des Droits de Voirie—mairie*

que je me propose de tirer à 400 Exemplaires, sur le format in-18, ayant environ 1 feuille 1/2 d'impression.

Arras, le 8 9bre 1849

Ve J. Degeorge

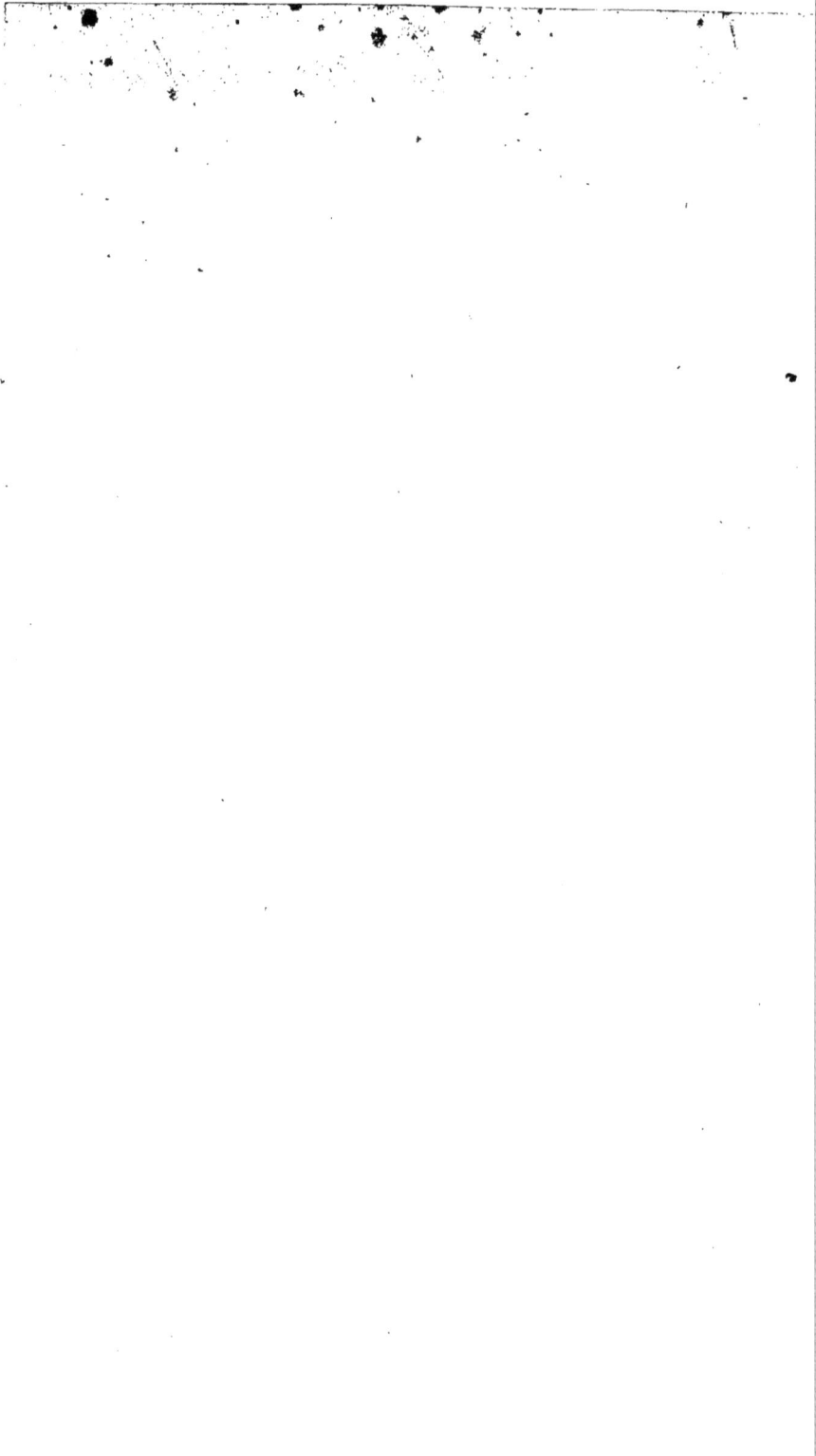

www.ingramcontent.com/pod-product-compliance
Lightning Source LLC
Chambersburg PA
CBHW070745280326
41934CB00011B/2805